V 22936
81

AF315876

PUBLICATIONS DE LA RÉUNION

MÉLANGES MILITAIRES
(2ᵉ SÉRIE)
XXXV

SITUATION MILITAIRE

DES

PUISSANCES EUROPÉENNES

EN 1872

APERÇU RÉTROSPECTIF

Traduit de l'allemand

PAR

M. WEIL

PARIS

CH. TANERA, ÉDITEUR

LIBRAIRIE POUR L'ART MILITAIRE ET LES SCIENCES

Rue de Savoie, 6

1873

SITUATION MILITAIRE

DES PUISSANCES EUROPÉENNES

EN 1872

99668

EN VENTE A LA MÊME LIBRAIRIE

MÉLANGES MILITAIRES

PREMIÈRE SÉRIE

CONTENANT

LES PRINCIPAUX ARTICLES PUBLIÉS

DANS LE

BULLETIN DE LA RÉUNION DES OFFICIERS

EN 1871 ET 1872

5 VOLUMES PETIT IN-8° CARTONNÉS

Prix : 25 fr.

Il ne reste qu'un très-petit nombre de collections complètes.

---

244 — Paris, imp. A. Dutemple, 64, rue Bonaparte.

PUBLICATION DE LA RÉUNION DES OFFICIERS

SITUATION MILITAIRE

DES

PUISSANCES EUROPÉENNES

EN 1872

APERÇU RÉTROSPECTIF

Traduit de l'allemand

PAR

M. WEIL

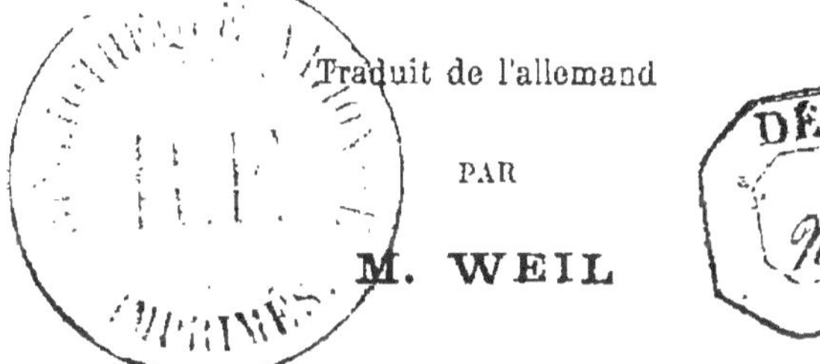

PARIS

CH. TANERA, ÉDITEUR

LIBRAIRIE POUR L'ART MILITAIRE ET LES SCIENCES

Rue de Savoie, 6

1873

SITUATION MILITAIRE
DES PUISSANCES EUROPÉENNES

EN 1872

1° *Organisation.*

L'unification s'est sensiblement accentuée en Allemagne pendant l'année qui vient de s'écouler. Suivant l'exemple donné par le grand-duché de Bade, la Hesse a renoncé à la convention qui réglait jusqu'ici ses rapports militaires avec la Prusse, et depuis le 1ᵉʳ janvier 1872, la 25ᵉ division (division hessoise) fait partie intégrante de l'armée prussienne. L'administration elle-même appartient à la Prusse, et le corps d'officiers hessois est entièrement assimilé aux officiers prussiens. Le contingent hessois forme une division, la 25ᵉ, qui fait partie du 11ᵉ corps d'armée prussien. L'infanterie se compose de quatre régiments, numéros 115 à 118, dont trois à trois bataillons et un à deux. Les anciens régiments de *retter* sont devenus les 23ᵉ et 24ᵉ régiments de dragons. L'artillerie de campagne forme un régiment, le 25ᵉ, reformé à nouveau d'après les principes contenus dans la nouvelle organisation, et se compose de trois batteries légères, quatre batteries lourdes et une batterie à cheval. Le train se compose d'une compagnie. Les pionniers ont été dissous et les bataillons de chasseurs ont été transformés en bataillons d'infanterie.

L'année 1872 a également vu s'effectuer de profondes modifications dans l'armée wurtembergeoise. Les troupes du

Wurtemberg forment actuellement un corps d'armée entier,
le 13ᵉ, organisé en tous points sur le modèle prussien. Il ne
lui manque, pour être complétement semblable aux corps
prussiens, que de comprendre un régiment de fusiliers et un
bataillon de chasseurs. Le régiment d'artillerie de campagne
se compose, conformément à la convention, de trois divisions
à quatre batteries. Le Wurtemberg, au point de vue militaire,
est dans une situation analogue à celle de la Saxe royale. Le
roi de Wurtemberg a seul le droit d'administrer son armée,
de répartir les troupes dans l'intérieur du royaume, de faire
les promotions dans le corps d'officiers. La convention l'a
seulement obligé d'adopter, pour les écoles militaires et
d'état-major, les programmes prussiens. Les quatre régiments de *reîter* sont devenus deux régiments de uhlans et
deux régiments de dragons.

La Bavière a, le 1ᵉʳ avril 1872, accepté l'organisation et la
formation prussiennes. L'armée bavaroise, tout en s'adminis-
trant séparément, tout en formant un contingent distinct, fait
partie de l'armée allemande, bien qu'elle ne passe sous les
ordres de l'empereur d'Allemagne qu'en cas de guerre. Elle
se compose de deux corps d'armée : le premier, Munich, le
deuxième, Würtzbourg, qui diffèrent encore, dans leur organisation intérieure, des corps prussiens, en ce que chaque
brigade d'infanterie possède un bataillon de chasseurs (il en
existe dix en Bavière), chaque division une compagnie de
troupes de santé, et que les bataillons de pionniers compren-
nent trois compagnies de campagne et deux compagnies de
forteresse. La loi qui donne le commandement suprême, en
temps de guerre, à l'empereur d'Allemagne a été adoptée par
la Bavière, qui a fait un autre pas important, au point de vue
de l'unification militaire, en adoptant les règlements prussiens. La seule question qui ne soit pas encore complétement
tranchée est celle de l'uniforme.

L'Alsace-Lorraine a été divisée en même temps en districts de recrutement, et la première levée s'y est effectuée en 1872.

En Prusse on a aboli la répartition territoriale de la land-wehr de la garde à partir du 1er janvier 1873. La nouvelle organisation donnée à l'artillerie a établi la séparation abso-lue de l'artillerie de campagne et de forteresse, et a étendu cette séparation jusqu'au corps d'officiers. Chaque corps d'armée possède une brigade d'artillerie de campagne, forte de deux régiments, l'un servant d'artillerie divisionnaire, l'autre d'artillerie de corps, et de plus un bataillon ou un ré-giment d'artillerie à pied. (C'est là le nom nouveau sous le-quel on désigne actuellement l'artillerie de forteresse.) Le régiment d'artillerie divisionnaire se compose de quatre bat-teries lourdes et quatre batteries légères ; le régiment d'artil-lerie de corps, de trois batteries à cheval et de six batteries lourdes ; soit une augmentation de deux batteries par corps d'armée. Cette organisation a été également appliquée en Bavière et dans la Saxe royale. Le corps saxon n'a, il est vrai, que deux batteries à cheval, mais, en revanche, il possède deux batteries lourdes de plus. L'artillerie wurtembergeoise sera sous peu organisée de la même façon.

Le bataillon du train de la garde prussienne, ainsi que le 2e bataillon du train, a été porté à trois compagnies.

La marine impériale a désormais deux stations : la flotte de la mer Baltique à Kiel ; la flotte de la mer du Nord à Wil-helmshaven. Chaque station possède une division de matelots à deux sections et une division d'ouvriers. On a formé à Kiel, à l'aide des compagnies de mousses qui existaient jusqu'à présent, une section de mousses.

Enfin un code uniforme régit, depuis le 1er octobre 1872, l'armée et la marine allemandes.

L'Assemblée nationale a pris, en France, en 1872, des mesures capitales. Le service obligatoire a été accepté en France. La durée totale du service a été fixée à vingt ans. Les forces de la France se diviseront en armée active et armée territoriale. Tout Français reconnu apte au service militaire appartiendra pendant cinq ans à l'armée active et pendant quatre ans à la réserve. Cependant, en temps de paix, tous les hommes ne passeront pas cinq ans sous les drapeaux : ainsi les individus qui, avant d'entrer au service, auront justifié de la possession de certaines connaissances militaires, jouiront de l'avantage d'être congédiés au bout de six mois, tandis que, sans cela, ils n'auraient droit à un congé qu'au bout d'un an. La durée et le nombre de ces congés sont variables et dépendent essentiellement du chiffre total du contingent. Le volontariat d'un an a été également institué sur des bases analogues à celles qui le régissent en Allemagne. A sa sortie de l'armée active tout Français appartient ensuite à l'armée territoriale pendant cinq ans, et pendant six ans à la réserve de cette même armée. L'armée territoriale se recrutera par arrondissement et par canton. La loi a, du reste, établi diverses catégories parmi les individus reconnus aptes au service :

1º Ceux que l'on pourra congédier avant la fin de leur première année de service;

2º Ceux qu'on renverra dans leurs foyers après un an (ces individus sont désignés par le sort au moment de l'appel de la classe);

3º Parmi ces derniers, on pourra retenir un an de plus sous les drapeaux ceux dont l'instruction ne sera pas satisfaisante;

4º Les volontaires d'un an (qui peuvent également se trouver dans le cas prévu par le 3º), qui passent dans la réserve après avoir achevé leur année de service;

5º Les individus qui restent cinq ans sous les drapeaux.

Après avoir voté la loi de recrutement, l'Assemblée nationale aura également à examiner la grave question de l'organisation et de l'endivisionnement de l'armée. La France sera probablement divisée bientôt en 12 districts de corps d'armée : chaque corps d'armée appartiendrait alors d'une façon permanente au territoire de son district ; on ne sait encore ni de quels éléments on composera les corps ni de quelle façon on réunira ces corps pour en former des armées. Le corps d'armée de Paris serait constitué à l'aide de fractions prises dans les autres corps : les états-majors et l'artillerie de ce corps seraient seuls fixes et permanents. Les troupes d'Algérie formeront vraisemblablement un corps à part. L'artillerie de campagne sera considérable, et, à l'heure qu'il est, il existe déjà en France 30 régiments d'artillerie à 12 batteries.

En Italie, où le service militaire variait de durée selon la catégorie dans laquelle l'individu se trouvait rangé, si bien qu'un grand nombre d'individus ne recevaient qu'une instruction militaire dérisoire, on a également adopté le principe du service obligatoire. La durée de la présence sous les drapeaux est fixée à 3 ans. Seuls les cavaliers restent 5 ans au corps, et le service total dû par chaque italien est de 22 ans. Le volontariat d'un an n'a pas été modifié.

En Autriche-Hongrie, on a continué à travailler sans relâche à l'œuvre de réorganisation entreprise en 1867. Après avoir achevé depuis quelque temps l'organisation de la landwehr transleithane, on a terminé en 1872 celle de la landwehr cisleithane. La durée du service effectif a été fixée à 3 ans : l'armée austro-hongroise compte sur le pied de paix 36 divisions d'infanterie à 2 brigades, et 20 brigades de cavalerie. Chacun des 12 régiments d'artillerie compte actuellement 14 batteries de 8 pièces. On a créé de plus un nouveau régiment, le 13e d'artillerie. On a également organisé 10 sections de chemins de fer.

La Russie travaille à la transformation complète de ses institutions militaires. Un rescrit impérial, adressé le 16 novembre 1870 par le czar au ministre de la guerre, a décrété l'introduction du service obligatoire en Russie et la création de troupes de réserve. Le ministre de la guerre chargea alors deux commissions, qui ont achevé leurs travaux en 1872, de fixer les principes qui permettront d'appliquer la loi nouvelle. On s'est arrêté d'une part à l'idée de réduire la durée antérieure du service, d'en diminuer en outre ce temps au profit des individus possédant une certaine instruction; d'autre part à la création d'une première et d'une deuxième réserve. La force totale de l'armée, sans y comprendre les troupes territoriales, serait, sur le pied de paix, de 770,000 hommes, sur le pied de guerre, de 1,250,000 hommes.

L'ancienne loi de recrutement, qui admettait l'exonération et le rachat, a été appliquée pour la dernière fois en 1872.

L'Angleterre a aboli l'achat des charges d'officiers et exige des officiers des connaissances scientifiques et spéciales plus étendues que par le passé. Les officiers de la garde et de la ligne sont désormais sur un pied d'égalité parfaite. L'armée entière, y compris les milices et les volontaires, a été répartie par circonscriptions territoriales. Chaque district forme une brigade composée d'un bataillon de ligne, de deux régiments de milice et de volontaires, et placée sous les ordres d'un lieutenant-colonel de l'armée. On a organisé, en 1872, une seconde compagnie de torpilles qui fait partie du corps du génie.

L'Espagne et la Norwége ont adopté le service obligatoire. Des voix nombreuses réclament en Belgique l'introduction du même principe. En Suède on n'a pas osé, après avoir échoué en 1871, redemander de nouveau au Reichstag de voter le service universel. La Suisse s'occupe de reviser la constitution fédérale et de réformer ses institutions militaires en centralisant davantage tout ce qui a trait à l'armée. Dans les autres Etats européens, il n'y a absolument rien à signaler.

En résumé, toutes les grandes puissances, à l'exception de l'Angleterre, ont adopté le principe du service obligatoire. Son exemple a été suivi par le Danemarck, la Norwége, l'Espagne et la Roumanie. La Suisse reste fidèle à son système de milices. La Serbie a une organisation analogue ; elle a cependant une petite armée permanente. L'Angleterre et la Hollande se procurent des soldats par l'enrôlement à prix d'argent. On complète néanmoins en Hollande l'armée active par des levées de milice toutes les fois que l'enrôlement ne donne pas un nombre d'hommes suffisant. La conscription avec le remplacement régit la Belgique, le Portugal et la Grèce. Il en est à peu près de même en Turquie. La Suède enfin possède, à côté d'une petite armée permanente et des troupes de l'Indelta, de nombreuses milices (Bevâring).

2° Armement.

L'armée allemande traverse à cet égard une période de transition. L'infanterie bavaroise possède en partie le fusil modèle 1869 (fusil Werder), en partie le fusil Podewils transformé ; l'infanterie prussienne est armée du fusil à aiguille transformé, et l'on vient seulement de commencer à fabriquer les premiers fusils du modèle 1871. Le fusil à aiguille transformé est du reste bien supérieur et comme portée et comme tension de la trajectoire à l'ancien fusil Dreisse ; cependant il ne peut pas soutenir la comparaison avec les fusils de calibre inférieur. Le matériel d'artillerie subira également quelques modifications basées sur les observations recueillies pendant la guerre de 1870-71. La cavalerie va recevoir une arme à feu d'une portée plus efficace. L'artillerie à pied a pour arme le fusil d'infanterie ; le train a conservé l'ancienne carabine.

Les autres États s'étaient prononcés déjà depuis quelques années sur le système du fusil à adopter. Les troupes austro-hongroises sont, à l'heure qu'il est, toutes armées du fusil Werndl. La plus grande partie des troupes russes a encore le fusil transformé, fusil Kanka ; le nouveau fusil, fusil Berdan, est encore en fabrication. En France, on s'occupe de perfectionner l'excellent fusil Chassepot en y adaptant une cartouche métallique.

Les effets produits en 1870-71 par les canons se chargeant par la culasse ont mis fin, presque partout du moins, aux hésitations et aux contestations. On a fait en France, depuis la paix, de nombreuses expériences avec des pièces se chargeant par la culasse. L'Italie se prépare à adopter, comme pièce de campagne, un canon de $0^m.08$ se chargeant par la culasse. L'Autriche conserve jusqu'à présent le canon se chargeant par la bouche. L'Angleterre, malgré le revirement qui s'est produit dans ce pays en faveur du canon se chargeant par la bouche, n'a donné des pièces de ce genre qu'à ses troupes des Indes.

Les mitrailleuses sont adoptées dans toutes les grandes armées, à l'exception des armées allemande et italienne. Les expériences avec le bronze phosphoreux n'ont guère réussi.

3° *Génie.*

On ne saurait passer sous silence les nombreuses expériences faites par le génie des différentes armées sur les nouvelles matières explosives et brisantes, désignées sous le nom général de *nitrates*. Ces matières sont appelées à rendre de grands services, toutes les fois qu'il s'agira de démolir, de faire sauter des murailles, de renverser des palissades ; mais la rapidité avec laquelle elles se décomposent ne leur permettra pas de présenter pour la guerre de mines des avantages semblables, et la poudre restera vraisemblablement employée de préférence à ce dernier usage. Le génie autrichien s'est servi de la dynamite pour la construction des voies ferrées et des voûtes dans les montagnes, tandis que le génie allemand préfère employer un lithofracteur composé de charbon de terre, d'oxyde de sodium et de salpêtre mêlé à de la nitroglycérine. Le service des chemins de fer, envisagé sous tous ses aspects, au point de vue de la construction, de la destruction, comme de l'exploitation des voies, est devenue l'objet des études les plus sérieuses de la part des officiers du génie. En Russie même, on a créé deux compagnies spéciales de chemins de fer.

Le règlement du génie prussien a complétement proscrit l'emploi de la sape volante. En France comme en Allemagne, on s'est sérieusement occupé d'aérostation militaire.

La guerre de 1870-71 a donné une singulière importance à la grave question des forteresses. Mais si, d'une part, les considérations militaires les plus sérieuses tendent à obtenir la création de grandes places entourées au loin d'une série de forts détachés, situés à une assez grande distance du corps de place, de grands intérêts commerciaux et industriels militent, d'autre part, en faveur du déclassement des grandes villes productives et manufacturières. Il n'y a qu'un moyen de trancher une pareille question : c'est d'agrandir les anciennes enceintes et de comprendre dans la ligne des forts détachés, les faubourgs qui se sont élevés depuis dix ans aux portes même des grandes cités de commerce. Quant aux petites places, on est décidé à ne les maintenir que sur

les points où elles servent à fermer une ligne de chemin de
fer.

Le gouvernement allemand continue à augmenter la force
de Metz, dont les Français avaient déjà commencé à faire une
place de premier ordre. Strasbourg, entouré d'une ceinture
de forts détachés placés sur les deux rives du Rhin, sera le
second boulevard de la frontière occidentale de l'Allemagne.
Parmi toutes les autres forteresses d'Alsace et de Lorraine,
Neuf-Brisach et Thionville ont seules chance d'être conser-
vées. Les ouvrages de Mayence vont être refaits et augmen-
tés, et il pourrait bien se faire que l'on décrétât sous peu
l'établissement de tôute une série de places de deuxième
ordre.

Le gouvernement allemand a pris également une série de
mesures tendant à augmenter les défenses du côté de la
mer.

En France, le front sud de Paris sera probablement pro-
tégé le premier par une série de nouveaux ouvrages.

La frontière nouvelle n'est, à vrai dire, défendue par au-
cune place sérieuse; mais on ne pourra se mettre au travail
qu'après l'évacuation du territoire.

La Russie achève de fortifier sa frontière occidentale en
faisant de Brzesc-Litowski un immense camp retranché qui,
avec les places de Varsovie, Modlin et Iwangorod, forme le
grand quadrilatère de l'empire moscovite.

Au point de vue purement technique, les effets produits
par le tir indirect et plongeant finiront par faire renoncer
aux revêtements en maçonnerie. Quant aux plaques de blin-
dage, on ne les emploie dans les ouvrages fortifiés que sur
les points les plus menacés.

Enfin on est en train d'installer dans plusieurs forteresses
de France et d'Allemagne des stations de pigeons voya-
geurs.

4° *Marine*.

La marine allemande continue à marcher lentement mais graduellement vers le but que vise le décret organique de 1867. Et si l'année dernière on n'a lancé que peu de vaisseaux, parmi lesquels la corvette cuirassée *Hanza*, il faut reconnaître que l'on s'est, pendant ce temps, préoccupé surtout d'installer et d'agrandir les chantiers de Kiel et de Wilhelmshaven. L'escadre cuirassée allemande est allée pendant un certain temps faire des évolutions dans l'océan Atlantique.

5° *Écoles militaires*.

Les cours des écoles prussiennes de la guerre, ouverts désormais aux officiers wurtembergeois et saxons (les Bavarois ont tenu à conserver leurs écoles), ont été suivis en 1872 par environ douze cents jeunes gens nommés officiers sans examen pendant la campagne de France. Une huitième école de guerre a été créée à Metz. L'académie de la guerre a cessé de dépendre de l'inspection générale des écoles militaires pour ne plus relever que du grand état-major général. On a créé une académie de marine destinée à rendre à l'armée navale des services semblables à ceux que l'armée de terre doit à l'académie de la guerre. La durée des cours est de deux ans ; comme l'école navale, elle est installée à Kiel. Depuis le 1er avril 1872 on exige que les jeunes gens qui veulent passer les examens nécessaires pour être nommés enseignes porte-épée justifient de la possession de certains diplômes universitaires.

L'école d'équitation militaire se compose désormais d'une école d'équitation pour les officiers et d'une école de cavalerie pour les sous-officiers. Les deux cours sont dirigés par les mêmes personnes.

En France, en Angleterre, en Belgique, on exige des officiers des connaissances plus étendues que par le passé. On a introduit dans les lycées de France le maniement d'armes, les exercices de tir, de gymnastique, d'équitation. On ne peut plus devenir officier en Belgique et en Angleterre qu'après avoir passé des examens. Enfin on a sensiblement augmenté les difficultés de l'examen d'admission à l'école d'état-major en Angleterre.

6° *Tactique.*

Dans le domaine de la tactique, les esprits sérieux ne se préoccupent que de l'étude d'une seule question : des moyens de diminuer, à l'aide de formations nouvelles, les effets meurtriers du feu de l'infanterie. On est unanimement d'avis qu'il faut rejeter toutes les formations trop profondes, telles que la colonne de bataillon, dès que l'on arrive à portée de la mousqueterie ; mais on n'est pas encore parvenu et on travaille à donner un corps et une âme aux idées nouvelles et à les réglementer. On ne saurait douter qu'on ne tardera pas à atteindre le but qu'on se propose, et déjà, en Prusse, l'ordre de cabinet du 4 juillet 1872 a posé des principes conformes aux idées nouvelles, et qui, appliqués pendant les grandes manœuvres de l'automne dernier, ont donné un résultat des plus satisfaisants et sur lequel il est indispensable d'attirer l'attention du monde militaire.

PUBLICATIONS DE LA RÉUNION DES OFFICIERS

EN VENTE À LA MÊME LIBRAIRIE

Les canons géants du moyen âge et des temps modernes, par R. Wille, lieutenant de l'artillerie prussienne, traduit de l'allemand par MM. Girard et Bouchet, lieutenants d'artillerie. 1 vol. in-8°.

Les mitrailleuses et leur emploi pendant la guerre de 1870 à 1871, par Hermann comte Thürheim, capitaine bavarois. Traduit de l'allemand par E. J. Broch. In-8°.

Étude sur la permanence de l'armement de défense et sur l'emploi des cuirasses métalliques dans les fortifications d'Anvers, Plymouth et Portsmouth, par le baron Behr, lieutenant-colonel d'artillerie. 1 vol. in-8° avec planches.

Règlement du 9 août 1870 sur les exercices de l'infanterie de l'armée royale de Prusse. Traduit de l'allemand par J. Montezun, lieutenant au 120e régiment d'infanterie. 1 volume in-12 avec figures et planches de musique donnant toutes les sonneries et batteries.

Étude sur le réseau de chemins de fer français considéré comme moyen stratégique, par L. de Tromelin, capitaine d'artillerie. 1 vol. in-8° avec carte.

Guide pour la préparation des transports de troupes par les chemins de fer, par A. Le Fèvre, chef d'escadron d'état-major. 1 vol. in-8° avec planches et carte.

Manuel du sapeur d'infanterie. Instruction publiée par le ministère de la guerre italien. Traduit par MM. Perrin, capitaine, et de Lort-Serignan. 1 vol. in-18 avec 100 planches.

Manuel du soldat. I. Service intérieur. II. Instruction, démontage, le remontage et l'entretien de l'arme. III. Notions sur le tir du fusil d'infanterie. IV. Transport des troupes par l'artillerie au chemin de fer. V. Notions d'hygiène. VI. Service de place. VII. Service en campagne. 1 vol. in-18 cart.

Paris. — Imp. A. Dulambre, 61, rue Bonaparte.

www.ingramcontent.com/pod-product-compliance
Lightning Source LLC
LaVergne TN
LVHW010051060726
842524LV00006B/2137